오늘 지나 내일은
별들을 밤하늘 아래
함께 웃거라요.

뒤로 걷는 여자

뒤로 걷는 여자

조영여 시집

매혹시편
5

북치는소년

차례

제1부 · 도도의 노래

동피랑으로 간 도도 11
네 무덤에도 별꽃이 필 테고 16
참 단순한 이치 19
뒤로 걷는 여자의 변 21
믿음이 큰 여자 24
별의 행간 27
윤달의 노래 30
팝콘 전주곡 33
술래잡기 36
그믐 전주곡 39
왼편의 노래 41
그림자의 주문 44
그림자의 주문 2 47

제2부 · 수평의 시간

말 51
어떤 은총 53
수평의 시간 55
오독誤讀 57
잠자는 양초가 고래를 상상하는 동안 59
허리 휜 물고기에게 62
차 한잔할래요 64
정시의 노래 68
미궁 70
꿈 73
들풀이 들풀에게 75
눈의 나라에서 76
하늘로 가는 터널 78

제3부 · 사막을 건너온 시간

빛을 그리다 83

근황 86

마흔 88

피어라 꽃 91

푼꽃, 분꽃 93

나비 94

위로 95

가문비나무 97

섬돌아 둑길 98

씨앗을 가꾸는 여자 100

초경 102

비 오는 집 103

에필로그 환상을 품은 아이 104

여백 109

해설 도도의 노래(김병호) 110

제1부
도도의 노래

동피랑으로 간 도도

1.
하늘에서 뚝
감 떨어지는 소리
감 모르는 소리
그렇게 기적을 바랬어
전생과 후생이 어떻게 열리고 닫히는지도 모른 채
그냥 달달하게 감 떨어지길 바랬어
하늘은 멀고 까마득히 멀고
까마귀만 귓전을 뱅뱅 돌고

이젠 동피랑으로 갈 테야
살 만하지 않은 내가 산만한 너와 동피랑으로 갈 테야
그물을 던지면 물고기가 올 거야
향유고래와 포도주는 덤일 거야
물 위를 나는 기적이 거기 있을 거야
그런대로 괜찮은 생일 거야
가끔은 빨래를 할 거야
붉은 햇살에 물고기를 널고

도란도란 동피랑에서 빨래를 구울 거야
굶지 않을 만큼의 죄와 이웃할 거야

2.
굴에서 잠만 자던 소녀가 눈을 떴대
굴 밖으로 나왔대
반짝 싱그러운 풀이 멱살을 잡더래
코끼리가 간지럽게 키스하자고 했대
아마아마 아름다울 거라고 동피랑에선
코끼리를 한 움큼 집어먹은 풀이
향유고래와 포도주를 마시더라나
(설마, 그걸 믿었다고?)
기적이 아가리를 벌리고선 딱
이제 그만 아가리 속으로 들어오라더래
감 떨어지는 소리를 기대했던 죄라나

(코끼리를 한 움큼 집어먹은 풀이 말하길)
넌 배가 고파 죽을 거야 곧 죽을 거야 그래도 넌 웃

을 거야 네 눈은 울어도 네 이는 웃을 거야 푸른 파도가 치고 침묵하던 네 입속에선 벌레가 기어 나올 거야 파란 벌레가 기어 나오고 잘근잘근 네 혀를 씹을 거야 히죽이죽 네 살점을 씹을 거야 가지런하던 입술은 이제 안녕이라고 말할 거야 오래도록 잠잠했던 네 입술이 한바탕 꺼이꺼이 울 거야 푸른 파도가 치고 파란 벌레가 기어 나오고 잘근잘근 씹힌 혀들이 묵은 살점을 토해내고 나면, 그래 넌 마침내 환하게 웃을 거야 해방을 기뻐할 거야

　(고래 뱃속에서 도도가 말하길)
　아빠 아파요 헤아릴 수 없이 오래, 오랫동안 이가 아팠어요 아빠의 생일날 내 미역국엔 미끈덩 이가 빠졌어요 아빠의 미역국은 애간장에 녹았고요 시큰거리던 이가 미역국이 아프대요 아빠의 관절에선 쉭쉭, 바람 소리가 나고요 어제는 묻지 않은 질문이 오늘 관절을 쳐요 머리가 날다가 곤두박질쳐요 거꾸로 솟구쳐 물구나무를 서요 나무에 피가 열리고 노래가 장난을 쳐요 아빠를 툭툭 쳐요 쳐요 피아노를 쳐요 손마디가

시큰거리도록 아빠를 쳐요 쳐요 노래를 쳐요 발바닥이 미끈거릴 때까지 아빠를 쳐요 정강이의 털이 한 움큼 빠지고 빠진 털이 고소해요 수챗구멍에선 피리소리 들리고요 부지런한 쥐들이 한 움큼 뭉텅뭉텅 먼저 들어가고 게으른 돼지가 뒤를 이어요 필라델피아에선 하멜른의 곡소리가 날고요

  3.
  뾰족구두를 신은 도도가 말해요
  산을 내려온 도도가요
  하마터면 아빠를 따라 산으로 갈 뻔했어요
  발가락이 썩는 줄도 모르고 무럭무럭 암이 자라는 줄도 모르고
  미역국에 빠진 이가 시큰거리는 줄도 모르고
  라라와 시시를 데리고 산으로 갈 뻔했어요

  여기, 한적한 동피랑이 좋아요
  낮은 슬리퍼를 신은 도도가 말해요
  도레 도레 평온하고 낮은 자리에서

도란도란 어질고 낮은 이웃이랑
가만히 오래 쉴래요
여기 바다와 하늘이 닿는 동피랑에서
전생과 후생을 마주한 동피랑에서

딱, 굶어 죽지 않을 만큼의 죄와만 이웃할래요

네 무덤에도 별꽃이 필 테고

 온 세상이 '그래'로 시작되었다. 한 분자가 다른 분자에게 '그래'라고 말했고 생명이 탄생했다. 하지만 선사 이전에는 선사의 선사가 있었고 '아니'와 '그래'가 있었다. 늘 그랬다. 어쩌다 알게 된 건지는 모르겠지만 나는 우주가 시작된 적이 없음을 안다.[*]

 아무래도 여긴 내 집이 아니야. 난 집으로 갈 거야. '아니'가 사는 그 별. 그 별엔 모든 '아니'가 울고 있어. 우린 울었고, 눈물은 별이 되었어. 흔적은 기억을 불러.
 별이 된 섬, 섬이 된 별. 우주에 점점이 박힌 별. 별은 눈물로 말해. 기억은 흔적을 불러.

 암탉은 들려주었어. 내가 처음 이곳에 왔을 때 열흘 밤낮을 가리지 않고 울었다고. 기억은 흔적을 불러. 암탉은 기억을 변기에 넣고 물을 내렸지. 하얗게 잊어버리라고 했지.
 암탉은 들려주었어. 대리석 변기와 식탁이 널 노려보았을 뿐인데 그날부터 넌 뚝 울음을 그치더구나. 그

---

[*] 클라리시 리스펙토르의 『별의 시간』 중에서

날부터 내가 변기처럼 웃더래. 하얗게 웃더래. 흔적은 기억을 불러.

　암탉은 내게 이름을 주었어. '그래'라는. 자랑스러운 암탉의 방긋 웃는 '그래'라는.

　암탉은 매일 문제를 냈지. '그래'는 끙끙거려야 했고, 끙끙. 차라리 쿵쿵거렸어야 했는데, 쿵쿵. 암탉이 외눈박이 키클롭스였다는 걸 단박에 알아봤어야 했는데. 기억은 흔적을 불러. 외눈박이는 외눈박이를 낳고 외눈박이는 세눈박이를 바라지.

　아무래도 여긴 내 집이 아니야. 난 집으로 갈 테야. '아니'가 사는 그 별. 별이 된 섬, 섬이 된 별. 우주에 점점이 박힌 별.

　'그래'는 이제 '아니'를 불러. 끙끙거리면서 쿵쿵. 쿵쿵거리면서 끙끙. 같은 하늘 아래 다른 별. 섬이 된 별. 별이 된 섬. 이 별엔 모든 '그래'가 울고. '아니'가 사는 그 별, 그 별엔 모든 '아니'가 울고.

　흔적은 그렇게 기억을 불러. 외눈박이는 외눈박이를 낳고 외눈박이는 세눈박이를 바라지.

우린 집으로 갈 테야

울 줄 아는 '아니'의 무덤 위엔 별꽃이 필 테고
'아니'와 '그래'가 함께 끄덕이는 별꽃이 필 테고

참 단순한 이치

정말이지, 나는 엄청난 노력을 기울여야 단순함에 이를 수 있다.*

단순
단단 순순
그래그래 순순
보리보리 보리심
바리바리 보리심

단순
단단 순순
그래그래 순순
아니아니 맞순
보리보리 보리심
도리도리 도리질

돌돌 흐르려나
아니아니 골골

* 클라란시 리스팩토르의 『별의 시간』 중에서

그래그래 골골
보리보리 골골

도리도리 돌돌
바리바리 돌돌
아니아니 맞순
그래그래 역순

아니아니 보리심
그래그래 도리심
아니아니 맞순
그래그래 역순

보리보리 보리심
도리도리 도리심
아니아니 맞순
그래그래 순순
단단 순순
단순

뒤로 걷는 여자의 변

나는 뒤로 걷는 여자다
날마다 점점 더 뒤로
네가 앞으로 가는 동안
그래서 점점 더 앞서가는 동안
점점 더 뒤로
더 갈 뒤가 없을 때까지
뒤로 걸을 예정이다
(그러니까 넌 이제 충분히 마음을 놓아도 된다)

그러니까 그때 그 자리에서
그러니까 너처럼 나아간다고 여겼던 그 길 위에서
어느 날 나는 길을 잃었다
천둥이 치고 빗물이 쏟아졌다
흠뻑 젖었고 오래 누웠다
소용돌이치는 까만 어둠 속에서 오래
까만 어둠이 고요해질 때까지 가만히 오래
관 속에 오래

그러자 오래된 것들이 문을 열고 들어오고

묵은 것들이 내려앉았다
많은 말을 하지 않고도 쉽게 버려지지 않고
거기, 그 자리를 지키고 앉은

어둠과 고요와 친숙하게 노는 장님들과
앉은뱅이들의 기적에 대한 수다와
지는 노을의 이야기와
오래 묵은 것들 위로 내리는 햇살의 빛나는 품과
함께 오래 웃는 법을

그러자 키득,
바람이 딸깍
문을 두드렸고
뱅그르르 문이 열리고
다시 소용돌이가 치고 천둥이 치고
호르르 빗물이 쏟아졌다
홀연히 누운 내가 일어나 처음 하늘을 보았다

그렇게 나는 뒤로 걸었고
뒤로 걷는 동안

앞으로 걷는 시간을 까맣게 잊어버렸고
미안하게도
앞으로 걷는 너의 환호도 전혀 들리지 않았다

아마 지금 너는
반짝이는 현란한 문장과 사물들에 취한 너는
뒤를 돌아볼 겨를도 필요도 없을 것이고
따라서 오래 묵은 것과 친숙한 시간을 보내온 나를
알 길 없을 테고
그러니까 지금은
뒤로 걷는 기쁨에 대해선 나만 알기로 하고
그러니까 지금은 (미안하게도) 혼자 웃지만

문득
어느 날 네게도 소용돌이가 치고 천둥이 치면
그땐 같이 뒤로 걸으며 키득
같이 웃게 될지도 모르겠다고
우리들의 기적을 함께 노래할지도 모르겠다고
키득,

믿음이 큰 여자

밤마다 기도문을 외우는 여자가 있다
믿음이 큰 여자가 있다
(콩 심은 데 콩 나고 팥 심은 데 팥 난다지 아마)

여자는 콩을 심는다 콩, 콩,
여자가 심은 콩은 팥이 되어 나온다
여자는 다시 콩을 심는다 콩, 콩, 콩,
그러나 여자가 심은 콩은
자꾸 팥, 팥, 팥, 팥이 되어 자란다
(겨자씨 한 알이 땅에 떨어지더니 자라 무성한 숲을 이뤘다지 아마)
(더러는 옥토에 떨어졌으나 대개는 자갈밭에 떨어졌다지 아마)

감자에 싹이 나서 잎이 나서 감자감자싹.
감자에 싹이 나서 독이 올라 감자감자꽥.

밤마다 기도문을 외우는 여자가 있다
믿음이 몹시 큰 여자가 있다

무딘 나무칼을 하나 가진 여자가 있다
(그는 평화를 주러 온 게 아니라 칼을 주러 왔다지 아마)
(콩쥐는 나무호미로 자갈밭을 매었다지 아마)

한번은 근사한 요리를 해보고 싶어
여자는 무딘 나무칼로 고기를 썬다
여자의 무딘 나무칼이 평화와 칼 사이를 횡단한다
살점과 살점 사이를 가로지른다
그러나 여자의 무딘 나무칼은
한나절이 지나고 수 계절이 지나도록
슬겅슬겅 질겅질겅만 하고
오지도 가지도 못한 채 오락가락만 하고
고기 반 토막도 여태 못 썰어내는 중이지만

밤마다 기도문을 외우는 여자가 있다
믿음이 몹시 큰 여자가 있다
(콩쥐는 나무호미로 자갈밭을 매었다지 아마)
(그러니까 콩쥐는 호미로 막을 일을 가래로 막아야 했다지 아마)

  (아니, 콩쥐는 가래로 막을 일을 나무호미로 막아냈다지 아마)

  믿음이 몹시 큰 여자가 있다
  밤마다 기도문을 외우는 여자가 있다
  하늘하늘, 하늘에 이르고 싶은 여자가 있다

  여자는 이제 자란 팥으로 메주를 빚는 중이다
  보랏빛 푸른곰팡이꽃 피워 내는 중이다

별의 행간

별의 행간을 읽지 못한 죄로
그 시간을 기억하며 천천히 걷는 자여
돌이 되리니
발길에 차이는 돌이 되리니

지금은 행간을 읽지 않는 자들의 시간
딱딱 딱따구리 직직 직박구리

너와 나 사이의 거리가 없어
나와 나 사이는 거리가 멀고
나와 나 사이의 거리가 멀어
너와 나 사이의 거리도 멀고

나와 너 사이는 벽
나와 나 사이의 벽
낮과 밤 사이는 벽
어제와 오늘 사이의 벽

속도에 취한 낮의 얼굴은

돌아치는 밤의 얼굴을 모르고
몰라야 하고
매듭을 푸는 유일한 해법은
단칼에 자르기라지
딱딱 딱따구리 직직 직박구리

밤의 맥락을 끊어버린 낮이
어제의 맥락을 끊어버린 오늘이
나는 너와 달라 나는 네가 아니지
오른발이 왼발을 밟고 서서
왼손이 오른뺨을 치지
딱딱 딱따구리 직직 직박구리

너와 나 사이는 벽
나와 나 사이의 벽
말과 말 사이의 벽

행간을 모르는 둘러 갈 줄 모르는
지금은 딱딱 딱따구리 직직 직박구리의 시간

저녁과 아침 사이
파괴와 창조 사이
너와 나 사이
말과 말 사이

꼬인 매듭을 풀기 위해 맥락을 더듬는 자여
별의 행간을 기억하며 천천히 걷는 자여
발길에 차여 온 그대여 복 있으라

별의 행간을 읽지 못하는 죄악이 모퉁이를 돌아
휘몰아치니

윤달*의 노래

 손가락을 잘린 아이들이 우를르에 몰려와 손가락을 흔들면 좋겠어 손가락을 들고 꽃을 그리면 좋겠어 다섯 손가락이 모여 열 손가락이 모여 꽃을 피우면 좋겠어 우울을 잊고 울렁울렁 파도를 타고 저만치 꽃상여를 타고 망망대해 바다에 이르면 좋겠어 가만히 노래하고 가뿐히 순한 마음으로 떠날 수 있으면 좋겠어

 너무 오래 풀만 먹었어요 풀이 말해요 코끼리를 한 움큼 집어먹은 풀이 하마처럼 웃어요 웃는 하마가 바보래요 코끼리는 잠을 자고 하마는 하품하고 이젠 풀이 달려요 태어나기도 전 죽은 아이를 위해 죽을 쑨대요. 풀이 말해요

 태어나지 않은 너의 죽음을 축하한단다 아가야 네 무덤가에 미역을 넣어 줄게 미꾸라지들이 헤엄을 치면 상여가 나갈 거야

---

* 윤달은 '공달', '썩은 달', '송장을 거꾸로 세워도 탈이 없는 달'로도 불린다. 하늘과 땅의 신이 사람들에 대한 감시를 쉬는 기간으로 불경스러운 일을 해도 신의 벌을 피할 수 있었다. 늙은 부모의 수의를 짓는 달로도 알려져 있다.

가물가물 지워진 윤달과 윤날. 반지하 좌측호에서 양초를 켜고 풀만 먹으며 기도하던 아이들이 오멜라스**를 떠나 지구 달그림자 뒤편으로 숨어 버렸던 아이들이 노래를 해요

 가재님 늙은 가재님 이젠 썰물의 시간이에요 늙은 가재님은 집으로 돌아가야죠 상갓집 개가 컹컹 짖잖아요

 지워버린 윤달과 윤날에 태어난 아이들이 윤이 나는 머리카락을 흔들며 윤이 나는 이빨을 드러내고 윤달과 윤날의 시간을 잡으러 와요 윤이 나는 아이가 늙은 가재의 살점을 뜯으러 와요 시름 앓다가 바다로 간 아이들이 모여 피리를 불어요 미끄러져 갔던 아이들이 피리를 불어요 필릴리 필릴리 무덤가엔 미역이 널리고요
 밀물이 밀려와요 미꾸라지들이 미역을 불리는 중이에요 가재 뱃속에 들어가서도 미끄러져 나올 길을 만

** 어슬러 K. 르 귄의 소설 「오멜라스를 떠나는 사람들」

드는 중이에요 미꾸라지들이 헤엄을 쳐요 필릴리 헤엄을 쳐요

가재님 늙은 가재님 지금은 썰물의 시간이에요 늙은 가재님은 집으로 돌아가야죠 상갓집 개가 컹컹 짖잖아요

가물가물 지워진 윤달과 윤날. 반지하 좌측호에서 양초를 켜고 풀만 먹으며 기도하던 아이들이 오멜라스를 떠나 달그림자 뒤편으로 숨어 버렸던 아이들이 노래를 해요 시름 앓다가 바다로 간 아이들이 한데 모여 피리를 불어요 미끄러져 갔던 아이들이 늙은 가재의 뱃속에서 피리를 불어요 필릴리 피일릴리.

팝콘 전주곡

우끼우끼 한 세계가 우끼
부드러운 우윳빛 살결을 도끼날로 콱.
도끼날로 당신의 우윳빛 살결을 달게달게 베어 주소서
비릿한 밤중을 지우고 날래게 지우고
금 나와라 뚝딱 은 나와라 뚝딱
도끼날로 콱 어금니를 콱.

가 보지 않아도 안다는 흰소리와
가 봐도 여전히 모르는 까만 소리가 지지배배 떠들어
산새는 배쫑배쫑 풍광은 비비디 바비디 부
벚꽃이 버짐처럼 번지고 팝콘이 관광버스를 타고 달리고 있어
불라불라 메치카 불라 버튼을 누르면 곧 팝콘이 터질 거야

구르는 돌과 믿음이 큰 쥐들은 무리무리 뭉치기도 잘하지

불라불라는 떼로 뭉쳐 똥도 잘 싸지 그 똥 참 굵기도 하지
살라가둘라 메치카 불라 비비디 바비디 부* 부지런도 하지
게으른 돼지에게도 부디 일용할 양식을 주옵소서 참 배려도 깊지
벚꽃이 버짐처럼 번지고 팝콘이 관광버스를 타고 달리고 있어

버튼을 누르면 팝콘이 터질 거야
사월엔 폭탄이 터질 거야 벚꽃잎 환하게 터질 거야
하늘 가득 꽃비가 파도처럼 넘실 넘칠 거야
그렇게 벚꽃 환장한 날들이 갈 거야
그렇게 한순간 푸시시 꺼질 거야
납작납작 엎드릴 거야 하염없이 울 거야
낮게 낮게 소리 죽여 울다가 꺼이꺼이 통곡할 거야
추억은 이제 빈곤이 사랑스러워질 거야
(뱉은 말이 부메랑이 될지라도 팝콘은 터져야 해)

* 디즈니 영화 《신데렐라》 주문송.
 "아이를 불태우면 소원이 이루어진다."라는 소문이 돌기도 했다.

터져 나올 때도 됐는데
　무쇠팔 무쇠다리 로켓 주먹 발사할 날도 멀지 않았
는데
　어쩌면 저렇게 조용할까 어쩌면 저리도 잠잠, 감감
무소식일까

술래잡기

무지가 무지개를 그려 뜬구름이 양을 그려 뜬 양을 살찐 고래 구름이 먹고
(못 찾겠지 못 찾겠지 나는야 언제나 술래)

우를르엔 손가락에 장을 지지게 될 거라는 예언만 횡행하지
이니세린*에선 이미 한 사내가 손가락을 잘랐다는데
바이올린을 켜던 제 왼 손가락을 잘랐다는데

가까이 오지 마 죽기 전에 남기고 싶은 곡이 있어 못 알아듣는 너 때문에 죽고 싶은 밴시**가 있어 네 발가락을 자를 수 없으니 내 손가락을 자를게 곡을 써야 하는 내 손가락을 너는 참 구원도 쉽지 비극은 몽땅 남의 땅이지 너의 뇌는 참 편리하기도 하지 너의 뇌는 참 순수하기도 하지 영악하기도 하지

밤은 깊고 별은 울고 심장은 밤을 뚫고 나온 아침처럼 처음, 벌떡 일어나 우지끈 맹렬한데

---

* 영화 「이니세린의 밴시」의 배경이 되는 아일랜드의 섬.
** 영화 속 유령을 뜻함.

기울어진 해는 자꾸만 뒤로 걷고
이니세린에선 이미 한 사내가 손가락을 잘랐다고 하는데
지는 해 아래 붉은 고추잠자리는 자꾸 내 세 번째 손가락만 노려보고
(못 찾겠지 못 찾겠지 나는야 언제나 술래)

부디 우리의 무지를 용서 마소서 당신이 심은 싹이 초식 동물로 자라더니 아가리를 벌리고 닥치는 대로 먹고 있습니다 당신의 귀는 당나귀 귀입니까 당신의 입은 조랑말의 입입니까 돌아올 화살을 모르는 무지와 만행이 돌아올 화살에 대한 염려와 음울과 한 쌍을 이루는 저녁입니다 부디 우리의 죄를 용서 마소서

무지가 무지개를 그리고 뜬구름이 양을 그리고 뜬 양을 고래 구름이 한입에 꿀꺽 삼키는데
기울어진 해는 여전히 자꾸만 뒤로 걷고
붉은 고추잠자리는 내 세 번째 손가락만 노려보고

우를르엔 여전히 손가락에 장을 지지게 될 거라는
예언만 횡행하지

못 찾겠지 못 찾겠지 나는야 언제나 술래

그믐 전주곡

거기, 깊고도 넓은 샘물 있다는데
깊지도 넓지도 않은 우물 우물
거기, 작아도 커다란 우물 하나 있다는데
작은 건 작기만 하고 큰 건 크기만 하고

말라붙은 하늘 쩍쩍 갈라진 땅

차라리 우물에나 빠질까
죽으면 썩을 육신 퉁퉁 불어라도 볼까
빠져 죽은 귀신 열두 바리바리
날벼락 홍수에 호옹
우물물 출렁이는 소리
그렇게 그믐이 오는 소리

차라리 우물에나 빠질까
보름달 뜨면 우엉우엉 울다가
그믐을 따라 작두라도 타볼까
노리고 째리고 달 부르는 소리
그렇게 그믐을 기다리는 소리

드문드문 곡소리 둥둥 북소리

스르렁 담 넘는 소리
우르렁 무르렁 문지방에 이르는 소리
스발 투덕 문턱 밟는 소리 일어나 앉는 소리
호라지 호라지 호령하는 소리
스발 투덕 굴러덩 나자빠지는 소리
우물물 출렁거리는 소리
둥둥 북소리

먼 데서 아침을 부르는 곡소리
흐엉

왼편의 노래

우울한 날엔 시를 써요
당신들의 천국 아래 나의 지옥이 신음하며 울고 있어요
라고 뻔하게 써요

당신이 기미와 잡티와 검버섯을 지우는 동안
그렇게 하얀 변기 같은 순백의 영혼으로 거듭나는 동안
세 시간 간편 시술로 잽싸게 구원과 기적을 움켜쥐는 동안
아프지 않은 동안 순백의 구원이 넘쳐나는 동안

스무날과 서른 날을 함께 자라 온 기미
아홉수를 품은 검버섯의 기록
그래요 너무 오래 굶주렸나 봐요
천국은 아득하고 지옥은 차라리 친근해요
그러니 이젠 지옥을 떠나지 않겠다고 써요
가끔은 당신께도 나의 빛나는 지옥을 선물해 드리고 싶다고 써요

당신이 믿는 천국에 스며들어 당신의 달달한 잠을 깨우고 싶다고 써요
 소중한 내 기미와 검버섯을 투척해 드리고 싶다고 써요
 그런대로 잔잔한 세상이라 믿고 있는
 순백의 당신 얼굴에 혹 파문을 일으킬 수 있다면요

 당신은 시를 사랑한다고 말해요
 주의 오른편에 앉아 시편을 읽는 당신은요
 나는 주의 왼편에 앉아 시를 읽고요
 오른편과 왼편의 거리가 어찌 그리 먼지요
 당신과 나 사이의 거리만큼 낮과 밤 사이의 거리만큼
 밤이면 찢긴 주의 왼편이 모퉁이를 돌아와 울부짖어요
 하얀 변기가 지워낸 똥물이 거꾸로 솟아올라 머리맡에 폭우를 쏟아 내고요
 '좋아요'를 누른 낮 동안의 손가락이 미칠 듯 가렵고요

주의 오른편에 앉은 당신이 당신의 시편을 읽는 동안
나의 밤은 주의 왼편에 앉아 나의 시편을 읽어요
신음하는 나의 주님은 여기 나와 울고 계시고요

우울한 날엔 시를 써요
당신의 잠잠한 천국 아래 파르르 신음하는 나의 지옥이
울고 있다고 써요
지옥의 은총이 모퉁이를 돌아 당신과 나를 함께 환히 비추기를 꿈꾸면서요

그림자의 주문

그믐이 되면 그림자 왼편의 이야기를 가져다가 홀랑 엿 사 먹은 그놈을 잡으러 갈게요 은가락지와 금가락지를 내밀고 세 번째 손가락을 베어간 그놈을 잡으러 갈게요 금도끼와 은도끼를 미끼로 당신의 쇠도끼를 앗아간 그놈을 잡으러 갈게요

1.
치크보크야 치크보크야 세상에서 누가 제일 예쁘니?

당근당근당근, 뾰족구두에 앙증맞은 작은 발을 가진 예민한 앙트와네트 님이죠

우아한 임플란트 치아와 순백의 영혼을 모두 가진 예민한 앙트와네트 님이죠

그믐밤이 찾아오기 전까지는요 거울 조각이 깨지기 전까지는요

예민이 미모인 여자들이 뾰족구두를 신어요 뾰족한 콧날과 뾰로통한 입술은 앙트와네트의 특권이죠 앙트

와네트는 앙앙거리기만 하면 돼요
 — 앙증맞은 발을 원해. 또각또각 반듯한 희고 고른 치아를 원해. 순백의 피부를 가진 순결한 영혼을 원해.
 마법은 멀리 있지 않아요 프로크루스테스*를 찾아가면 돼요 편식이 심한 프로크루스테스를.

 2.
 치크보크야 치크보크야 세상에서 누가 제일 예쁘니?
 찍찍, 쥐가 드나드는 밤에 쥐를 먹고 아침엔 콩쥐였다가 밤에는 팥쥐가 된 재투성이 아가씨 신데렐라죠
 콩쥐가 되려다 콩팥이 상해 팥쥐가 되고만 재투성이 아가씨 신데렐라죠
 어려서 부모님을 잃고 드라마를 과식한 외롭고 슬픈 재투성이 아가씨 신데렐라죠
 밤이면 도려낸 썩은 발이 찾아와 울고 임플란트 치아가 엥엥 쇳소리를 내어도, 여전히 굳건하고 순결한 믿음의 아가씨 재투성이 신데렐라죠

* 신화 《프로크루스테스의 침대》

돋친 가시와 찔레 넝쿨의 그믐밤을 뾰족구두와 영영 바꿔버린, 외롭고 슬픈 재투성이 아가씨 신데렐라죠

그믐이 되면 그림자 왼편의 이야기를 가져다가 홀랑 엿 사 먹은 그놈을 잡으러 갈게요 은가락지와 금가락지를 내밀고 세 번째 손가락을 베어간 그놈을 잡으러 갈게요 금도끼와 은도끼를 미끼로 당신의 쇠도끼를 앗아간 그놈을 잡으러 갈게요

3.
밤이 늦었단다 치크보크야 너는 너무 말이 많구나 치크보크야 주둥이를 닥칠 시간이란다 치크보크야 떠버리들의 나라에서 온 치크보크야

그림자의 주문 2

그래요. 모두가 양지만을 사랑하겠다면
그래요. 그건 마녀의 몫으로 남겨 두죠
쓰레기와 똥물은 혼자 떠안고 가도록

초대받지 못한 등 굽은 노파를 본 적 있어요
검은 주름과 부스스한 넝쿨 가시 흰머리
간이라도 꺼낼 듯싶은 커다란 눈과 광대뼈
초대하지 않아도 그녀는 왔어요. 마침내.

적당히 예쁜 피비린내 나는 꼬마야 이 가시를 줄게 네 부모의 선의가 남긴 선물이란다 살기 위해 필요한 가시란다 네 몫은 네가 처리해야 하지 않겠니 부디 네 부모의 선의가 날 불러냈다는 걸 잊지 말렴

마녀의 말은 내 심장에 딱 알맞은 크기의 말
투명한 유리 구두만큼 딱 알맞은 문장이었죠

감은 반쪽 눈. 제 악의를 모르는 이분법. 뒤엉킨 그림자.

초대하지 않은 초대. 물리고 물리는 물레. 뒤엉킨 가시넝쿨.

이들을 시급히 절망에 빠뜨리소서
그리하여 모든 은둔자의 고통을 경험하게 하소서
어두워 빛나는 저 하늘을 알게 하소서
그리하여 마녀의 입김에 눈 감지 않고
자신의 어둠을 껴안게 하소서
죽은 딸들의 무덤을 돌보게 하소서
물이 포도주가 되는 기적이
생리혈의 흔적임을 알게 하소서
더는 무디게 믿지 않도록 하소서
파괴되지 않고는 다시 오지 않는 창조를 위해
스스로 각자의 몫을 파괴하게 하소서
마녀의 몫으로만 떠넘긴 형벌을 거두게 하소서
부디 혼자 지고 가지 말기를
모두가 제 몫의 짐을 각자 걷게 하길
그리하여 각자의 정신이 비로소 철들게 하길

제2부
수평의 시간

말
— 태초에 말씀이 있었으니

나는 말이지 달리는 말이지 달리다 죽은 말이지
나는 말이지 죽은 말이지 무덤 속에서 빛을 본 말이지
그러니까 나는 말이지 죽었다 산 말이지 영원히 살 말이지
그러니까 말이지 진짜 말이지 말다운 말이지
힘차게 뛰고 춤추고 노래하는 말이지

그러나 나는 말하지
달리다 조롱당하고 말 조랑말이란 걸
다시 꼬꾸라지고 주저앉을 말이란 걸
순간을 살고 다시 또 차갑게 죽어 버릴 말이란 걸

그래도 나는 말하지
말은 말이라고 태초부터 있어 온 그 말이라고
빛의 속도로 어디든 닿을 수 있고
퍼지는 자리마다 다른 빛깔을 낳고 수시로 옷을 갈아입는
하나일 수도 둘일 수도 셋일 수도 그 이상일 수도 있는 헤아릴 수 없이 많은 이름을 갖고 살아 온 그 말

이라고
　주저리주저리 늘어놓기도 하고 꽥꽥 지르기도 하고 그러다 픽 쓰러져 침묵하고 마는
　모두가 같다고도 하고 다르다고도 하는 말
　말다운 말이기도 하고 아니기도 한
　보면 살아 있다가 안 보면 사라지는 고양이*처럼 허구와 실재를 오가는 말이라고
　그러니까 나는 너와 이어 달리다가 이어 죽게 될 그 말이라고

　멈추지 않는 너의 재단
　도대체 누가 말 가운데 네게만 자격을 준 건인지
　너는 어찌 그리 의기양양한지
　나는 왜 맥없이 자꾸 의기소침해지고 마는지
　그래도 이름 없는 변방의 말로 저 혼자 펄펄 살아 뛰다가 맥없이 고꾸라지고 말지라도
　지금은 말속에서 숨을 쉬고 말에 희망을 거는

　다시 또 비릿한 아침이라고

* 슈뢰딩거의 사고 실험에 등장하는 고양이.

어떤 은총

검은 머리가 흰빛을 낳는
분홍 자궁이 검은 잿물을 쏟아 내는
가시에 찔려도 무럭무럭 오던 잠이
꿈을 타고 나와 삼킨 가시를 뱉는
구석에 처박아 둔 타다만 성냥개비들이
때를 기다려 마른 지푸라기에 불을 붙이는
때를 알고 온
횃불의 기적, 라이터의 기적, 핵탄두의 기적.

죽었다 깨어난 태초의 잠잠했던 기억들
무리무리 별무리 우르르 쏟아져 나오는
저녁 해 비치는 늦은 오후 젖은 해 비치는 강가
비탈길 아래 한번은 무너져 내린
그렇게 지상의 습기를 머금었다 죄다 토해 버린
형체도 없이 우려낸 흥건한 암내
쉰내 나는, 쉬어야 하는, 숨쉬기 적당한 내 쉰 살.

마른 흙집 토방 툇마루에 비치는 한 오라기 실핏줄
그 빈자리로 스며온 태초의 햇살

아무나 하는, 아무것 아닌, 비로소 보이는 수평의
기적.

수평의 시간

여태껏 한 번이라도
내 맥락을 이해해 보려 한 적 있는지
네 맘에 들지 않는다고 싹둑 그렇게 대놓고 싹둑
미안하기는 했니 한 번이라도 돌아서서
내 배경은 해지고 어둡고 추운 골짜기였다는 걸
그래서 쭉쭉 가지를 뻗고 자랄 수 없었다는 걸
그래도 겨울 지나 봄 오길 기다리며
몸에 맞는 보폭으로 뿌리를 키우며 버티고 있다는 걸
온전히 보려 한 적은 있었니?

해는 나를 비추고 잎은 찬란하게 빛났지
가지를 뻗는 동안 무성한 잎과 열매를 키우는 동안
내가 얻은 열매들은 모두 의지의 결과이고
내게만 허락된 하늘의 은총인 줄로만 여겼지

그땐 몰랐어 내 빛이 네 그늘을 만들고 있다는 걸
네게로 갈 빛 몽땅 빼앗아 썼다는 걸

네가 땅속 깊이 네 뿌리를 키우고 있었다는 걸
언젠가는 올 너의 봄을 기다리고 있다는 걸
그렇게 네게도 하늘의 은총이 진행 중이었다는 걸

이젠 나의 날들이 추워지고 있어 뺏겨 버린 햇살
햇살 한 줌 비치지 않는 어둡고 습한 이곳
그래서 아무도 보이지 않는 곳
네가 그랬지 겨울은 수평의 시간이라고
깊이깊이 근원에 이르는 시간이라고
넌 그렇게 땅과 하늘의 음성을 들었다고
가슴 속엔 이제 하늘의 샘이 흐르고 있다고

이제야 들려 너와 나의 시간이 교차하며 계절을 순행하고 있다는 너의 이야기들이
  부디 네가 어제의 시간을 기억하고 있기를
  그래서 내일은 너와 내가 함께 끄덕일 수 있기를
  위로와 안녕이 가만한 침묵 속에서 따스하게 서로의 어깨를 토닥일 수 있기를

오독誤讀

그랬지, 그랬어
넌 사랑이라고 말했고
난 사과라고 말했지
부풀어 오른 풍선껌 같은
깍둑 썰어 놓은 채무 같은

넌 꿈을 꾸었다고 말했고
난 잠을 잔 거라고 말했지
쏟아지는 잠
목이 잘린 꿈
먼 데서만 출렁이는 거품 파도
제 거품에 취한 흥건한 파도

넌 사랑이라 말했고
난 사과라고 말했지
들러붙은 껍딱지 같은
시들시들 말라붙은
기우뚱 걷는 사과
목이 잘린 사랑

사랑에 사과가 박히면
껍딱지도 베일까 아플까
사과도 부풀어 오를까
흥건하게 춤출까
거품에도 피가 날까
무감한 십자가도 간혹은
살아있다고 증명할 만큼의
피 철철 흘릴까

그래도 우리 사랑할까
서툴어도 한번은 교차 방정식 풀어 볼까

원한다면 해치울게
조금만 아플 게
딱,
살아 있다는 소식을 전해 들을 만큼만

여전히 넌 사랑이라 말하고
여전한 난 사과라고 말하지만

잠자는 양초가 고래를 상상하는 동안

많은 날이 갔어요
바쁘게 날은 흐르고 주름은 늘었어요
쌓아 놓은 자리마다 패인 골
불안과 염려의 주름이
아홉 개의 골짜기를 만들자
날과 날이 굳고 뼈와 뼈들이 버석거려요

여전히 많은 날이 가요
사과 궤짝 같은 날들이
전해 들은 고래 흉내를 내며
고래고래 하는 동안

뼈들의 잔해가 묻힌 사막에는
밤 없는 낮이 오래 지속되고
낮 없는 밤이 오래 신음하고

어제 같은 오늘이 굳고
오늘 같은 내일이 굳고

그런 거 아닌가요.
그렇지 않은가요.

그래도 어딘가에선
물이 차고 샘이 흐른다는데
거기 고래가 날아오른다는데

서랍 속 양초는
여전히 심지를 태우지 않아요

어제 같은 오늘이
무심히 오고 가는 동안
그러려니 마을을 채우는 동안
시간은 이렇게도 저렇게도 흐르지만
이미 충분한 날과 모자라도 좋은
한적한 날들을 흐르르 꿈꾸듯 걷는 동안

'가는 날들은 이제 오롯이 나의 날들이란다'

믿기지 않지만 가만가만
죽은 뼈들의 잔해 속으로 쉬엄쉬엄
물결을 이룬 주름 속으로 술렁술렁
물이 차고 고래가 살아나고요
처음 온 그날처럼 물빛 비늘로 힘차게 날아올라요

'가는 날들은 이제 오롯이 너의 날들이란다'

거기, 고래가 날아요

서랍 속 잠자던 양초는
이제 심지를 태울 시간이라고요

허리 휜 물고기에게

땅만 보고 걷다 등이 굽은 노파
노파의 젖은 눈이 말해요
물결치는 파도를 헤치고 온
허리 휘어진 물고기를 본 적 있니?
함부로 비늘을 벗기지 말렴
비늘은 긁히기 위해 태어난 게 아니란다
용오름 치듯 날아오를 그날
먼 데서도 반짝이는 그 빛을 따라오라고
상처를 어루만져 물결을 내라는 신호란다

땅만 보고 걷다 등이 굽은 그녀가 물어요
노파의 젖은 눈을 간직한 허리 휜 물고기에게 물어요
오래된 묵념 같은 밥상을 차리는 동안
식도의 통증을 쓸고 간 바다의 시간을 물어요

묻어둔 말 하나씩 꺼내어 말리면 햇빛에 말리면
　햇빛도 춤을 출까요 비늘도 춤을 출까요 곰팡이에도 향이 날까요
　쌓아 둔 말 쓸고 또 쓸면 쓰라림도 쓰리쓰리 고개

넘을까요 푸르르 날아 오를까요
  물처럼 흐르르 흐르다 일렁이다 핑그르르 또르르
  오늘 지나 내일은 별 총총 밤하늘 아래
  핑그르르 구르다 또르르 까르르 웃을까요

  먼 데서 오는
  물소리 개소리 바람소리
  말갛게 씻긴 당신 숨소리
  언젠가는 들릴까요

차 한잔할래요

한가해요? 차 한잔할래요?
당신이 들어도, 지나쳐도 좋아요.

종종 꿈을 꾸었어요. 모래같이 마른 낙엽같이 바스스 부서진 이를 뱉지도 삼키지도 못한 채 우물거리고만 있는, 말을 할라치면 부서진 이들이 우르르 쏟아져 나올까 봐 입술을 말아 감고 속으로만 우물우물하는 그런 꿈을 오래 꾸었어요. 철철 피가 흘러도 생니를 뽑으면 차라리 시원할 것만 같아 생니를 뽑는 꿈을 꾼다는 친구가 못내 부러웠고요.

종종 꿈을 꾸었어요. 인적이 드문 거리에서 집으로 갈 버스 막차를 기다리는 꿈을. 날은 저물고 추운 밤인데 막차는 왜 오지 않을까. 계절이 두어 번 바뀌어도 여전히 춥고 거리는 캄캄한데, 막차는 왜 아직도 오지 않는 걸까. 혼자 가는 외길은 무서운데 함께 버스를 탈 친구 하나 없고, 발만 동동 구르다 막차는 타지 못한 채 늘 그렇게 깼어요.

다시 꿈을 꾸었어요. 아마도 계절이 스무 번쯤은 바뀌어 하루가 천일 같이 무거운 날들을 지나 천일이 하루같이 평범해질 무렵이었을 거예요. 늘 막차를 기다리던 인적 없던 그 거리에 내가 홀로 서 있어요. 막차는 영원히 오지 않을 것 같은 죽은 거리예요. 더는 무섭지 않고 혼자여도 아무렇지 않은 채 가만히, 숨소리조차 들리지 않는 무덤같이 적막한 그 거리에서 한참을요.

멀리 모퉁이 사이로 작은 빛 하나가 새어 나왔고 발이 이끄는 대로 빛을 따라갔어요. 길모퉁이엔 한 평 남짓한 가게가 아코디언이 펴지듯 세상의 모든 신발을 펼치고 있었고요. 마치 늘 거기 있어 온 것처럼 그렇게요. 신데렐라의 유리 구두를 지나 카렌의 빨간 구두를 지나 하니의 하얀 운동화를 지나 지나 시장에서 본 낮은 슬리퍼에 발이 멈춰요. 눈을 맞추자 슬리퍼를 닮은 푸근한 아줌마가 언젠가 본 듯한 얼굴로 나타나 램프의 요정처럼 빙그레 웃고요. 수수께끼를 풀었다는 듯 그렇게 빙그레요. 신발은 편안하게 알맞았고요. 발가락을 꼬무락거려도 남을 만큼 넉넉한 품이고요.

"아가씨. 여기는 지금 전쟁 중이에요. 모퉁이를 돌면 가파른 계단 아래 아가씨에게 꼭 알맞은, 작은 방이 있어요. 거기 몸을 숨겨요."

그래요. 거기 숨어 한 계절을 보냈어요. 포탄이 뒹굴고 창밖으로 병사들의 발소리 번갈아 계단을 내려와 내 쪽방을 기웃거렸지만, 참 이상하지요. 그들은 나를 보지 못해요. 내겐 그들이 훤히 보이는 데도요. 마법 같은 날들이 그렇게 흘렀어요.

그리고 마지막 꿈을 꾸었어요. 집으로 가는 막차를 타는 꿈을요. 전쟁이 끝나고 나는 막차를 기다렸죠. 씩씩하게요. 이젠 혼자라도 무섭지 않으니까요. 밤 늦은 시간인데도 거리는 대낮처럼 환하고요. 여러 빛깔이 까르르 웃는 소리가 들려요. 오랜만에 북적이는 거리가 소란하지 않고 푸근해요. 우르르 인파를 따라 내가 걸어요. 걷다 보면 다음 정거장이 나올 거고 막차는 거기서 타도 되니까요. 버스가 지나가면 손을 흔들면 되니까요.

그렇게 집으로 가는 버스를 탔어요. 그런데요. 히히. 우습죠. 버스 창밖으로 둥둥, 풍선처럼 둥둥, 하늘로 올라가는 내가 보이는 거예요. 샤갈의 신혼부부처럼 둥둥 그렇게 하늘로요. 빨간 치마가 바람에 펄럭이고 마냥 부풀어 발그레한 엉덩이가 햇살에 빛나요. 그런 나를 모두 함께 보는데 부끄럽지도 않고 참 시원하기만 해요. 발가벗은 파란 하늘 하늘 지나 산, 산 지나 고개, 고개 돌아 버스는 지금 집으로 가고 있고요.

 여기까지가 제 이야기예요. 어쩌면 당신과 당신의 엄마가 한번은 속삭였을지 모를 그런 얘기요. 고마워요. 이야기를 내버려 두어서요. 아무 날 아무 시라도 좋아요. 문득 마음이 동하는 날 벤치에 와서 당신 얘기도 들려줄래요? 그땐 꼭 차 한잔해요. 우리.

정시의 노래
― 도레미파미 도레시시도

정시에 넌 그저 일렁이는 마음 물결
굽이치는 대로 흘러가는 대로
그게 너였지
네 마음 어디쯤 지극한 그 자리
거기 닿을 수 있다면
거기서 함께 일렁일 수 있다면
초라해도, 그런 너였어

그런 네가 파시에 이를 무렵이었을 거야 파시
자신이 초라해 보였을까
물결의 굴곡을 만지고 다듬으면
어쩌면 더 밝게 빛날지도 몰라
굽이침과 오름의 절정이라는 파도의 노래
먼 데까지 울리는 세이렌의 유혹

안간힘을 다해 솔시에 이르고 싶었지 솔시
그러나 솔을 치려 하면 건반이 툭
거기까지라고, 네 것이 아니라고
더 이상 흐르지 못하고 굽이치지 못하고

그렇게 갇히고 그렇게 묻히고
나는 물결도 아니라고 아무것도 아니라고

시라는 게 참 시시하기만 하지
그래 시시 그렇구나 시시 낮은 자리 시시
그게 나였다고 그게 뭐 어떠냐고
초라해도 괜찮아 왼손이 오른 등을 다독이며
물결은 물결이고 노래는 노래라고
모자란 대로 늘어진 대로 해초처럼 흐느적거리며
그래도 일렁이는 물결이라고
도레미파미 도레시시도
파시 어딘가를 헤매다 돌아온
도레미파미 도레시시도

낮게 일렁이는 나만의 노래가 있다고
뭉글게 낮은 코와 어리숙하게 패인 주름 골 사이
네 맘 내 안다 배시시 해시시 마주 웃는 그이가 있다고

미궁

살 한 점 떼어 주고 떡 하나 얻었지
한 점 떼어 주고 또 한 점
모두 몇 점의 살을 바친 걸까

먹어도 먹어도 차지 않는 허기

떡으로 만든 집은
그래, 빛났을까
빚으로 빚은 떡은
그래, 빛났을까

떡 하나 주면 안 잡아먹지

하늘빛 푸른 꿈이 그리워
저 산 저 노을 지나 그 골짜기에 갔지
호랑이가 산다는 그곳
엄마가 들려준 이야기 따라
엄마처럼 무사히 살아 돌아올 거라고

고개 넘어가면 저 산속에 가면
어제도 오늘도 내일도 있을
그 호랑이를 만날 거란다
부디 이 떡을 들고 가렴
한 입 깨물면 푸른 젖이 쭉쭉 나올 거야
허기진 네 배를 채우렴
부디 네 살점을 떼어 먹히진 말고
'그런데 엄마는 정말 무사히 돌아온 걸까?'

살 한 점 떼어 주고 떡 하나 얻었지

푸른 젖이 쭉쭉 나오는 떡이란다
살점으로 빚은 울 엄마 떡이란다
그런데 떡으로 지은 집은 빛났을까
빚으로 빚은 떡은 그래, 빛났을까

먹어도 먹어도 채워지지 않는 허기
'엄마는 정말 무사히 살아 돌아온 걸까'

주문을 외우고 주문을 잇는
뱅그르르 돌림노래

꿈

세월이 흐르면
거기
화전민처럼 떠도는 우리를 만날지 몰라

오직
땅과 하늘에 기대어 순응하는 우리

우리가 버렸던 시간으로
돌아가리라 바라노니

언젠간
닿을 날이 오리라
우리가 믿었던 바벨의 신화

몇 계단을 오르면 이를 수 있을까
너 위에 나 나 위에 너
한때는 환희에 젖어 한때는 비탄에 젖어
우리가 오르려 했던 그 눈부신 꼭대기

이것은 우리의 운명이야
뱀이 건네준 사과를 받아 든 날부터
뚜껑을 열어 버린 판도라의 상자를
다시 닫을 수는 없는 일이라고
돌아갈 길은 없는 거라고

근원을 잊은 긍정의 힘은
바벨의 신화만을 향해 끝없이 달리고
더 이상 우리의 근원을 꿈꾸지 않는다 해도

나 이제
내가 버렸던 시간으로
돌아가리라
돌아가리라 바라노니

죽은 나무에도 꽃은 피리라
물이 흐르고
꽃은 차마, 아니 피지 못 하리라

들풀이 들풀에게

들풀이 들풀인지 모르고
들풀이 들풀을 촌스럽다 하고
들풀이 들풀을 모자라다 하고
들풀이 들풀인지 모르고
들풀이 들풀을 가엾다 하고
들풀이 들풀을 위해 산다 하고
저는 들풀이 아니라 하고
저는 들풀일 수 없다 하고
장미라 하고 백합이라 하고
저 아닌 다른 무엇이라 하고

들풀이 들풀로 당당하고
들풀이 들풀로 신명 나고
들풀이 들풀이어서 아름다운 걸
들풀은 여전히 못 보고
들풀은 그렇게 제 눈을 가리고

들풀은 모르고
오래도록 모르고

눈의 나라에서

눈이 와요 당신이 잠든 사이

기억해요?
가이가 가 버린 눈의 나라
자꾸만 내 몸은 눈발에 허우적 끌려가는데

겔다처럼 올까요 당신은
가면 돌아올 길 없다는 그곳까지

진눈깨비가 쌓여요
머지않아 심장 깊숙이
치유할 수 없는 여왕의 얼음 조각이 박히겠죠

함박눈 펑펑 내리던 날
포근할 것만 같은 눈 속에
두 눈 꼭 감고 번데기처럼 누워 있으면
머지않아 천사의 날개를 달고
하늘로 오를 거야
온몸이 꽁꽁 얼어붙도록 웅크렸던 기억

그날부터였을까요
미운 건 예뻐 보이고 예쁜 건 못나 보인다는
악마가 보내온 깨진 거울 조각을 삼킨 건

아득히 먼 곳에서 날 부르며 찾아와 준 엄마
아궁이 앞 따뜻한 그 불빛에
언 몸을 녹이며 주룩주룩 눈물 흘리면서도
내일은 꼭 이곳을 빠져나가
이루지 못한 천사의 날개를 달고 하늘로 오르리라

현실은 순진하게 환상을 이기지 못하고
지금 이 현실을 아름답다 노래하지 못하게 하고

언제쯤일까요
당신이 나의 겔다이길 내가 당신의 겔다이길
더 이상 꿈꾸지 않게 될 그날은

하늘로 가는 터널

엄마
전 참 많은 걸 가졌어요

하루 종일 뛰어도
같은 자리로 돌아갈 수 없는 너른 마당
빵 부스러기 약간에도 시시하다 놀리지 않고
언제든 날아와 친구가 되어 주는 새
그 새는
절룩이는 발로도 폼나게 나는 법을 가르쳐 주고

천둥비에도 곧게 뻗어
하늘 꼭대기에 닿는 나무
사라락 사라락 노래하는 잎은
바람에 몸을 맡겨 물 흐르듯 춤추다
조용히 묻혀 흙이 되는 법을 들려줍니다

엄마
배봉산 아래 반쯤 기울어진
참새 똥만 한 집이라지만

하늘로 가는 터널
저 달이 가까운
고통이 어우러 눈물로 길을 여는
여긴, 저 달의 입구랍니다

엄마
어둠이 깊어질수록 환한
저리도록 환한

저 달을 한번 보세요
하늘로 가는 눈부신 터널이 거기 있잖아요

제3부
사막을 건너온 시간

빛을 그리다

어느 계절을 좋아하냐 묻고
가을이라거나 겨울이라면 어쩐지 그가 좋았다
우린 친구가 될 수 있겠다 희망을 걸었고
대체로 비슷한 것끼리 모여 서로를 확인했다
세상을 아는 건 우리라 여겼다
무엇 때문이었는지 모른다
그렇게 그늘만을 골라 사랑했다
뜨는 태양보다 지는 노을이 좋았고
아침 햇살보단 추적추적 내리는 비가 좋았다
봄꽃보다 시들어 뒹구는 낙엽을
풍성한 열매보다 그 아래 숨은 뿌리를 본다 믿었다

태양보다는 달의 기운을 받고 태어난 탓인지
양기를 주체할 수 없어 반대의 극을 사랑했는지
그저 지난날의 결핍이 만든 상처인지
까닭을 알 길 없지만 순진한 환상은
몸을 비비는 현실 앞에 마냥 울어야 했다

여전히 어느 계절을 좋아하냐 묻고

가을과 겨울의 정서로 서로를 확인했지만
가을이라 답한 친구의 가을이 어느 날
오곡백과 풍성한 가을이었음을 알고
그제야, 가을의 여러 빛깔을 확인했다
그 후로는
오롯이 늦가을만을 사랑한다고
말하는 버릇마저 길렀다
늦가을을 사랑하는 병이 불러일으킨 것인지
생은 뒹구는 낙엽처럼 쓸쓸해져 갔다

내가 사랑해 온 계절에
온전히 몸을 담근 후에야
비로소 봄이 그리워졌다
한 줌 봄볕이 한없이 그리웠다

모두 이 겨울을 겪었던 것일까
지웠던 친구들의 얼굴이 하나둘 떠올랐다

어쩌면 나는 봄 속에서 겨울을

빛 속에서 어둠을 그려왔는지 모른다

이젠 겨울 속에서 봄을
어둠 속에서 빛을 그리는 중이다
그렇게 계절을 한차례 순행하고 돌아와
봄 속에서 겨울을, 겨울 속에서 봄을 읽는다

근황

히! 하고
헤~ 하면
하루 다 간다

뭘 그리 이고 지고 살았을까

몰래 훔쳐 내 것인 양
품어 온 것들

미련 없이 버린다
헐거워진 배낭

비우니
비로소 보이는
흔들리지 않는 뿌리

고개 드니 하늘이 보인다
곁에 있는 당신 얼굴이
오래도록 환하다

묵은 햇살이
가득 내려와 앉은
생의 가을

마흔

가끔
지친다고 말했고
말속에서 잠시
휴식을 취할 때가 있었어
나른한 오후 햇살에 스르르
그렇게 쉬고 나면 힘을 얻기도 했지

노래를 동경했어
노래에 취해 예까지 왔다고
노래하고 싶어 견디노라고

서러워 서른이었을까
노래를 따라갔지만 난 노래가 되지 못했지
노래에 속았다고 노래를 저주했어

거죽만 남은 알몸으로
목욕탕 후미진 곳에 앉아
이곳은 내게 어울리지 않아
나의 노래는 여기서 끝이라고

부옇게 서린 안개 속
그늘은 흔적을 남겼을까

등을 밀어 주마 다가온 아주머니

갚을 힘이 없어요
세상의 친절이 두려워요
당신의 등을 밀어 드릴 힘이 없어요
말하려는 내게
마음 다 안다는 눈빛으로
가만히 등 어루만지며

등에 사마귀가 큰 걸 보니 제 몸보다 무거운 짐을 지고 걷는구먼.

그분은 아셨을까 그 말씀
세상의 인정을 구걸하며
제 힘에 겨운 짐 지고 걷는

우물 속 달팽이
두레박으로 끌어올려
물속 제 모습 비추게 해 준
인생을 퍼 올린 보시였다는 걸

피어라 꽃

미친년
미치려거든 곱게 미쳐라

곱게 미칠 수 없어 가둬 버린 너

'엄마 저도 꽃 피워 보고 싶어요'
오오 세상에 너와 같은 꽃 있더냐
제발 얌전히 있거라

나는 보았지
내 빛나는 흐느적거림과
알 길 없는 울분이 어디로부터 왔는지

사랑해야만 비로소 꽃 필 수 있거늘
미치는 것이 어찌 고울까
고운 것이 어찌 미칠까

꽃 핀 순간만을 기억하고
꽃 핀 모양만을 흉내 내며

지지 않고 뿌리 묻지 않고
어찌 제 빛깔의 꽃을 피울 수 있을까

오늘은 버렸던 것들을 불러
미안하다고 말하마 사랑한다고 말하마

세상의 손가락질이 두려워
너를 가둔 세월이여
피어라 꽃 찬란한 자유여
너 이제 어둠 속 빛이 되어라

푼꽃, 분꽃

갑갑하지?
뛰쳐나오고 싶은 거 알아
너 원래 푼수잖아

그래, 푼수
자신을 알아 버린 분수

비로소 사랑하게 된 꽃말

나비

무리 지은 인연의 질곡
몸보다 긴 그림자 끌며
어서 이 생이 지길
가슴 쓸어내리다
바라본 하늘

떼 지어 날지 않는다
혼자다

땅의 무리에도
하늘에도 속하지 않고

이승의 업을 다하고 떠난
그러나 소멸에도 남은 상처

바람에 흔들리며 산사를 떠도는 그늘

위로

누구도 위로하지 않으리라
누구도 위로할 수 없으므로

흔들리는 나무가 산을 이루면
산은 쓰러지고 싶을 거야
가지 약한 나무가 잎을 키우면
잎은 차라리 떨어지고 싶을 거야

버티라고 그것이 잎의 운명이라고
상처가 바싹 말라비틀어져
산산이 부서져 가루 되는 날까지
버텨야 한다고

무엇이 두려웠던가
얼마나 오랫동안 버림받고 싶었던가
스스로 버리지 못하고 몸부림치며

그래서 이제는
흙 속에서 별을 센다고

우울은 겨울로 이어져 혼자 깊어지고
우울이 겨울 긴 그림자 끝에 미칠 때까지

달 아래 흐느끼며 저문다
오래도록 누워 축축하다

이 습기 버릴 길 알지 못하고
부여잡고 도망가지 못하고

나는 묻힌다
혼돈 그대로 남아

가문비나무

그 날

마음에 비 내렸다

사는 동안의 비, 모두

섬돌아 둑길

기억해요?
미친년 보랏빛 치마 그 눈빛
당신이 날 업고
섬 돌아 돌아 둑길에서 만난
초경의 경련처럼 번지는 붉은 하늘 아래
자궁 다 드러낸 채 시들어가던
도라지꽃
출렁이며 바다를 물들이던
그 보랏빛 치마
어스름 지워져 가는 길에서
당신, 꽃피는 사월이라고
내게 처음 입술을 열 때
안개비처럼 축축하게 젖어 들던
그 밤 푸른 밤
나 주저앉아
치마 다져 모으며
행복하다 차마 말 못한 건
그 향긋한 시간에 어긋나
홀로 아팠던 건

그래요
미친년 보랏빛 치마 그 눈빛

꽃 지는 사월이라
사랑은 저만치서
그칠 거라고
사랑은 머언 저만치서
반드시 그칠 거라고
보랏빛 치마
그 눈빛으로

씨앗을 가꾸는 여자

참 따뜻한 햇살이었죠
가벼운 바람에 실려
그 작은 씨앗 하나
내게로 온 날은
그날부터 전 씨앗만을 생각했답니다
어디다 키울까 어떻게 키울까
햇살은 얼마큼 주고 물은 또 얼마큼 필요할까
넘쳐도 모자라도 안 된다는데
어떤 꽃이 필지도 모르는데
내가 선택한 화분은 적당한 걸까
흙은 기름지고 건강한 걸까
씨앗을 가꾸는 일은 나의 전부가 되어 버렸습니다
하루 종일 씨앗만 보고 있는 내겐
도무지 자라고 있다는 게 믿기지 않았지만
늘 처음보다 제법 컸습니다
그 씨앗이 제크의 콩나무처럼 자라나
구름사다리로 오르는 행운을 안겨 주든
가시덤불을 이뤄 내 살을 후벼오든
이제 아무래도 좋습니다

햇살 한 줌 물 한 줌에도 마냥 즐거워
까르르 웃는 저 얼굴
그 안으로 난 지금 들어가고 있으니까요

초경

산밭에 누웠다 하늘 가득 내리는 눈
입술 위 층층 쌓이고
함박눈 내려 함박꽃 피는 줄 믿던 바보
쌓인 눈 속에서 눈만 먹다 하얀 똥 누기로
꽃피지 않는 나라에서 무궁화꽃이 피었습니다
뱅그르르 도는 술래놀이

- 신이 봐주지 않아도 좋아라
- 지상에서 가장 순결한 창녀를 꿈꿨다

비 오는 집

지금 조용히
이곳은 비

비쩍 마른 나귀 한 마리
젖은 솜을 신고
검푸른 안개 사이
길을 더듬는다

엄마가 그립다

언제일까
이곳으로 온 처음은
머문 만큼 쌓인 짐이
훌쩍 키를 넘어
짐들의 집 그 아래 묻힌다

지금 조용히
아무도 괴롭지 않아
이곳은
비

에필로그
환상을 품은 아이

 그리 멀지 않은 옛날, 딱히 불행하지 않은, 그래서 대체로 행복할 것 같은 평화로운 작은 시골 마을에 아이가 살고 있어요. 한가로운 마을이지만 사람들은 어디에 있는지 몰라요. 아마도 모두 일터에 나가 있을 거예요. 대개 마을 정자를 지키는 건 아이들이었으니까요. 아이들 틈으로 그 아이가 보여요. 그래요. 그 아이. 분명 평화로워 보이는 날들이었지만 어쩐지 마냥 행복한 것만 같지는 않은 그 아이.

 아이는 여섯 살. 동네 언니들을 따라 학교에 갔어요. 같이 놀던 언니들은 이제 친구가 되었고 아이는 늘 그 틈에서 놀았어요. 그러니까 아이의 나이는 여섯이거나 여덟, 아니면 아홉이거나 일곱. 그렇게 고무줄처럼 늘어났다 줄어들어요.

 놀이를 할 때면 아이는 늘 깍두기였어요. 이편과 저편 사이 어디든 속할 수 있고 어디에도 속하지 않을 수 있는, 딱히 쓸모없는, 그저 덤으로 주어지는 비존재의 자리. 그러나 그 자리는 역으로 둘 모두를 아우르거나 때로는 둘 사이에서 승패를 결정짓는 중요한 역할이었다고 아이는 그렇게 느껴요. 비록 놀이를 못해

언게 된 자리이지만 분명한 건 이상하게도 늘 보호 속에 있었다는 거예요. 아주 따스한 품이었다고요. 아이의 기억이 왜곡이 아니라면요.

 땅따먹기도 고무줄놀이도 핀치기도 항상 제일 못한 바보였지만 아이도 잘하는 놀이가 하나쯤은 있었어요. 숨는 거요. 마을 정자나무 아래 누군가가 시작한 숨바꼭질. 아이는 숨바꼭질이 좋았어요. 꼭꼭 숨어라 머리카락 보일라. 웅크리고 앉아 똬리를 틀고, 가장 작은 평수로 머리카락 한 올도 보이지 않게 죽은 듯이 존재를 감춰 버리는 일. 아이는 그게 좋았어요. 술래가 찾다 지쳐 포기할 때까지, 땅거미가 다 내려앉아 모두 돌아간 시간에도 아이는 혼자 남아 그 자리에, 몇 시간이고 그렇게 멍하니 있는 게 좋았어요. 다만, 그렇게 그 시간이요. 그리고 혼자 씩 웃어요. 마치 자신이 영원한 승자가 되어 버린 것처럼요.

 아이는 한 해 두 해 자랐어요. 아마도 그런 날들 가운데 하루였을 거예요. 여름 한낮, 그날도 술래잡기를 했고 아이는 숨을 곳을 찾았어요. 탱자 가시울타리 아래, 탱자향 가득 퍼지는 울타리 아래 작은 뒷간. 거긴 숨기에 참 좋아요. 아무도 아이가 거기 숨을 거라고는 상상 못 하니까요. 냄새 때문에라도 곧 기어 나올 테니까. 물론 아이도 처음부터 거기 숨으려고 했던 건 아니었어요. 술래에게 쫓기다 마침 쉬가 마려워 어쩔 수 없이 들어갔고, 술래에게 들킬까 봐 차마 나올 수 없었다고. 그러다 그만, 너무 오래 그곳에 머물러 버리게 되었다고요. 탱자향 때문이었는지 아니면 뒷간 냄새에 너무 익숙해져 버린 탓인지 아이는 잘 기억나지 않지만 거기서, 참 아무렇지도 않게 오래 버텼어요. 그리고 그곳에서 어느 날, 겨우 글을 읽을 무렵. 거기, 그 뒷간에서 아이는 고향이 되어 버린 이야기를 하나 만났어요. 휴지로 쓰라고 둔 찢어진 동화책 쪼가리들 속에서요.

 당신도 혹시 겔다 이야기를 아나요? 매혹적인 여왕을 따라 눈의 나라로 떠나 버린 소꿉친구 가이. 그런 가이를 구하려고 집을 떠나 눈의 나라로 가게 된 겔다 이야기요. 아이는 겔다가 눈의 여왕과 싸워 자신이 사랑한 소꿉친구 가이를 따뜻한 고향의 품으로 돌아오게 할 거라 믿었어요. 아이도 그런 따뜻하고 씩씩한 겔다이길 꿈꾸면서요.

  따스한 기억 사이로 가끔 어떤 정체 모를 슬픔이 아이를 콕콕 찔러요. 이해할 수 없는 순간들. 기억은 잘 나지 않지만 그러니까 아마도 이런 거예요. 소꿉놀이를 했고 아이는 늘 공주였어요. 모두가 아이를 사랑스럽게 보았고 아이는 그렇게 한참을 함께 행복했어요. 그러던 어느 날이었어요. 언니 같은 친구들이 갑자기 아이의 얼굴에 분칠을 하고선 자기들끼리 심술궂게 깔깔대며 웃어요. 공주였던 아이는 한순간 광대가 되어 버렸고요. 그날 이후, 아이의 눈에 비친 세상은 더 이상 따뜻하지 않았어요. 세상은 차디찬 눈의 나라로 변하고 말았고요. 포장을 모두 벗기면 추악한 진실이 드러나요. 결코 세상은 아름다운 공간일 수 없다고 아이에게 누군가 속삭여요. 눈의 여왕이 보낸 눈의 나라의 깨진 유리 조각이 어느새 아이의 품에도 파고들었는지 모르지요. 여왕의 유혹에 빠진 건 가이만이 아니었는지도. 가이를 구하러 떠난 겔다도 어쩌면 눈의 여왕에 매혹되어 길을 떠났는지도 모르고요. 가이도 겔다도 얼음조각들이 눈에 박힌 지도 모른 채 죽어 가고 있는지도요.

　그렇게 아이 곁엔 오래 어둠이 머물고, 아이는 지쳐 갔어요. 꿈도 없는 잠을 아주 오래 잤고요.

　오랜 시간이 흐르고 아이는 꿈을 꾸었어요. 성냥팔이 소녀가 된 겔다의 꿈을요. 성냥을 긋다 그조차 다 떨어질 즈음 춥고 어두운 나라에서 그대로 쓰러져 잠들어 가는 겔다. 멀리서는 네온사인이 꽝꽝거리고 징글징글 징글벨이 울리고 성탄 폭죽이 연이어 터지는데 아무도 사지 않는 성냥을 꺼내 제 몸의 온기로 추위를 녹이는 겔다가 보였어요. 고향의 푸른 초원. 따뜻한 품과 햇살 한 줌. 그게 얼마나 그리웠는지를 떠올리는 성냥팔이 소녀 겔다가요.

　꿈을 꾸고 난 후, 아이에겐 자꾸 이야기가 들려요. 기어코 봄을 맞고 마는, 아주 순진한 오랜 옛이야기들이요.

　'아이야. 네가 가진 성냥불로 잠시만 추위를 녹이고 있으렴. 불빛을 따라 누군가 올 거야. 곧 세상은 온기로 가득해질 거야. 눈이 녹고 따뜻한 봄이 올 거야. 그 봄이 너를 맞을 거야. 그렇게 살아날 거야. 온 우주가 너와 새봄을 맞을 거야.'

여백

 내 것인 줄 알기에 쉽게 너를 향할 수 없었던 묵은 말들이 돋친 가시로 살아날 때가 있다. 혼자서 뱉고 가만히 묻는다. 그런데 묻어둔 말이 저도 살겠다고 자꾸 툭툭 튀어나오려고 한다. 모두 살아보지 못한 나다. 거칠고 뭉툭한 그것들 속에서 쉭쉭 바람 소리 듣는다. 대숲에라도 한 곡절 뱉고 나니 차라리 후련하다.
 어제였던 나와 내일의 나가 함께 먼 데서 오는 소리를 듣는다. 신을 신고 노를 저으며 함께 파도를 탄다. 쉭쉭 바람 소리 들린다. 슬리퍼를 신은 낮은 도도가 뾰족구두를 신어 온 도도를 데리고 삐걱대며 노를 젓는다. 도레미 파도를 탄다. 어디로 가려는 걸까. 모른다. 모르기에 가보려 한다.

2024년 봄 문턱
달그림자 뒤편으로 숨은 아이들의 노래
조영여

해설

도도의 노래

김병호(시인)

1.

늦은 밤, 눈 그렁그렁한 여자가 막차를 기다리고 있다. 여자 곁에는 어둠만이 장막으로 쳐져 있다. 차는 오지 않는다. 여자의 눈은 불안하게 흔들린다.

2.

영웅 서사는 모든 이야기의 뼈대라 할 수 있다. 영웅이 태어났으나 운명은 등에 낙인되어 자신은 볼 수 없다. 그는 남과 다르다. 그는 배척당하고 자책하면서 어디 있는지 모를 부모를 원망한다. 그는 떠난다. 세상을 떠돌며 수많은 난관을 극복하는 동안 그는 자신의 등을 비춰 본다. 영웅이 된 그는 세계와 화해하고 고향으로 돌아온다.

여기 미친년 서사가 있다.

3.

광인은 남과 다른 사람이다. 오래전 작은 공동체는 광인을 '신과 가까운 자'라 부르며 구성원으로 인정하고 품었다. 더 많은 사람이 모여 살면서 관계의 규모가 커지자 사회적 구조가 견고해지고 규범이 강화된다. 그러나 광인은 이런 틀을 인정하지 않고 바깥에 존재하는 이들이기에 환자복에 묶인 채 사회에서 격리된다. 광인은 사회적 권력 관계에서 내쳐진 존재이다.

미친년은 여자 광인이다. 여자라는 성에는 사회적 억압 위에 또 하나 특별한 족쇄가 추가된다. 권력 관계로 종속된 성이다. 이때 미친년이 탄생한다. 미친년은 모든 억압을 거부하며 인간으로서 실존하려 몸부림치는 존재이다. 낱개 인간으로 사회적, 성적 억압을 부정하다가 내쳐진 이들이며 조직적 저항을 하지 못할지언정 최소한 지랄이라도 하는 존재이다. 그렇게 자유를 찾은 자이자 억압을 깨치고 나아가려는 존재다.

시대의 눈에 이런 존재가 마뜩할 리 없다. 어떻게든 딱지를 붙여 내치고 깎아 내려야 한다. 이때 각성하지 못한 이는 자신을 억압하고 종국에 자신을 지워 버린다. 정신병의 세계이다. 이처럼 미친년이라는 호칭은 타자들이 저주를 새긴 부적으로 붙인 말이다. 그러나 세계와 맞서 개기는 여자 스스로에게는 자신을 긍정하고 광야를 질주하는 말이 된다.

미친년 서사는 미친년으로 태어났으나 세상을 바라보는 순한 눈으로 시작한다. 그러나 곧 자기 안에서 꿈틀거리는 뜨거운 온도와 외부의 차가운 압력이 만나 격렬한 화학 작용이 일어난다. 앞이 보이지 않는 연기가 가득하다. 누군가 아프다. 자신을 부정하다가 발병하는 무병巫病 같은 것이다. 고통을 짊어지고 세상으로 나간 존재는 드디어 자신이 누구인지 깨닫고 스스로를 인정한다. 세계와 싸우면서 새로운 관계를 맺고 화해하는 것이다. 이제 이곳이 바로 고향이다.

4.

시인 조영여가 던진 시편들은 앞에서부터 읽으면 풍성한 은유를 체로 쳐내 가며 구체로 가는 여정이지만 뒤에서부터 읽으면 미친년 서사이자 분열과 확장의 연대기이다.

5.

여자는 모순의 딸로 태어났다. 「초경」에 이른 여자는 '함박눈 내려 함박꽃 피는 줄 믿던 바보'였다. 그래서 '신이 봐주지 않아도 좋아라/지상에서 가장 순결한 창녀를 꿈'꾼다. 모든 존재의 씨앗은 모순으로 빚어지지만 의식이 그 비밀을 눈치 채기까지는 많은 곡절이 필요하다. 그러나 여기 작은 여자는 무의식적으로 이 사실을 발설하고 있다. 이제 씨앗은 싹을 틔워 떡잎을 내놓는다. 여자는 씨앗을 가꾸는 여자로 살고 있다.

> 그 씨앗이 제크의 콩나무처럼 자라나
> 구름사다리로 오르는 행운을 안겨주든
> 가시덤불을 이뤄 내 살을 후벼오든
> 이제 아무래도 좋습니다
>
> ―「씨앗을 가꾸는 여자」에서

여자는 자기 안의 것을 분별없이 긍정한다. 이 긍정은 안의 것이 사실 바깥으로부터 온 것이라는 사실

조차 분별하지 않는다. 또 그것이 자신 안에서 어떻게 자라고 어떤 열매로 현실을 왜곡시킬지 의심하지 않는다. 회의하지 않는 믿음의 시기이다. 그것이 무엇이든 받아들여야 하는 운명으로 생각한다. 아니 생각하지 않는다. 그러나 씨앗은 필연적으로 분별의 씨앗이다. 분화되고 심화되어 새로운 정체성으로 진화하며 그 결과 새로운 싸움을 낳을 수밖에 없는 것이다. 이 과정을 알건 모르건 여자는 모든 것을 품는다. 이제 불안은 연기처럼 자란다.

'세월이 흐르면/거기/화전민처럼 떠도는 우리를 만날지 몰라/······/이것이 우리의 운명이야/뱀이 건네준 사과를 받아 든 날부터/뚜껑을 열어 버린 판도라의 상자를/다시 닫을 수는 없는 일이라고/돌아갈 길은 없는 거라고/······(「꿈」에서)'

무언가 다가오고 있다는 전조가 가득 차 있다. 그리고 혼몽의 안개 속에서 어렴풋하게 그 너머를 본다. 돌아오지 못하는 길을 떠나는 사람이 있다. 영혼의 디아스포라에 오르는 여자가 있다. 불안은 반드시 현실로 몸을 바꾼다. 여자는 그 실체를 만난다.

기억해요?
미친년 보랏빛 치마, 그 눈빛
당신이 날 업고

섬 돌아돌아 둑길에서 만난
　　초경의 경련처럼 번지는 붉은 하늘 아래
　　자궁 다 드러낸 채 시들어가던
　　도라지꽃
　　출렁이며 바다를 물들이던
　　그 보랏빛 치마
　　　　　　　―「섬돌아 둑길」에서

 어느 둑길에서 만난 도라지는 자궁까지 다 드러낸 채 시들어 가고 있다. 당연히 흐드러진 치마는 보랏빛이다. 미친년이다. 자신 안에서 눈을 뜨고 있는 미친년이다. 꽃은 시들어 가지만 보랏빛 치마에서 눈뜨는 어느 정체가 거기 현현해 있다. 내 안의 떡잎이 자라 밖으로 나오고 있다.

6.

 여자가 울고 있다.
 울음은 회상이다. 과거가 남긴 흉터에 짠물을 들이부어 고통을 불러내고 그 고통으로 상처를 생생하게 살려내는 일이다. 아물지 않을지언정 구석구석 갈라진 상처를 쓰다듬으며 미치기라도 할 일이다.

'비쩍 마른 나귀 한 마리/젖은 솜을 신고/검푸른 안개 사이/길을 더듬는다/……/지금 조용히 아무도 괴롭지 않아/이곳은/비'(「비 오는 집」에서)'

이런 정적은 울음의 반대가 아니라 가장 큰 울음이다.

>
> 갚을 힘이 없어요
> 세상의 친절이 두려워요
> 저는 당신의 등을 밀어 드릴 힘이 없어요
> 그리 말하려는 내게
> 그 마음 다 안다는 눈빛으로
> 가만히 내 등을 어루만지며
>
> 등에 사마귀가 큰 걸 보니 제 몸보다 무거운 짐을 지고 걷는구먼.
> ─「마흔」에서

공중목욕탕을 모두가 감춰둔 슬픔을 까서 겨루는 조용한 도박장이라 치자. 그래서 몇은 당당함으로 포장하지만 결국 뒤집어야 하는 열패감으로 벌겋게 달아오르고 웅크린 몇은 자신이 밀어 놓은 슬픔의 무게로 노근한 승리를 누리는 곳이다. 이것이 수증기를 헤치며 작은 플라스틱 의자 위에 알몸으로 자리 잡는 이유이다. 거기서 여자는 자신의 억압을 들킨다. 아니 내어놓는다. 등에 자리 잡은 커다란 사마귀. 이것은 존재 자체가 가지는 제한이라기보다는 관계가 만든 억압이다. 여자는 이것을 알고 있기에 상징 아닌 직유로 말한다. 날것의 현실이기 때문이다.

영웅이 자신의 등에 새겨진 낙인을 결국 마주하듯 미친년은 진정한 자신을 마주하면서 사마귀를 쓰다듬는 순간 조금씩 변태한다.

'미친년/미치려거든 곱게 미쳐라//곱게 미칠 수 없어 가둬버린 너/……/사랑해야만 비로소 꽃 필 수 있거늘/미치는 것이 어찌 고울까/고운 것이 어찌 미칠까(「피어라 꽃」에서)'

    갑갑하지?
    뛰쳐나오고 싶은 거 알아
    너 원래 푼수잖아

    그래, 푼수
    자신을 알아 버린 분수

    비로소 사랑하게 된 꽃말
                    —「푼꽃, 분꽃」에서

이제 몇 걸음 더 나가는 일은 어렵지 않다.

'히! 하고/헤~ 하면/하루 다 간다//뭘 그리 이고 지고 살았을까(「근황」에서)'

여자는 아직도 울고 있지만 울음은 점점 구성지게 변한다. 울음은 리듬을 가지고 있다. 격렬하게 쏟아 내는 호흡을 넘어서면 꺼이꺼이 썰물 빠지기도 하고 마지막 울음 딸꾹질까지 고유한 리듬들이 서로 얽히고 설켜 점점 구성을 만든다. 이렇게 구성진 울음은 노래가 되고 노래가 되는 순간 울음은 세상과 강렬한 대화로 몸을 바꾼다. 노래가 된 울음, 미친년의 노래는 이제 일사천리로 나간다.

7.

여기에서 노래가 되었다는 말은 단순히 시라는 장르 자체가 가지고 있는 음악성에 기댄 말이 아니다. 시인의 몸에 생래적으로 배어 있는 깊은 리듬 자체로 노래가 된 것이다. 어떤 시편을 들추어도 시인이 자신의 몸으로 만든 고유한 리듬이 읽는 이를 끌고 다닌다.

　　나는 말이지. 달리는 말이지 달리다 죽은 말

이지
　나는 말이지 죽은 말이지 무덤 속에서 빛을 본 말이지
　그러니까 나는 말이지 죽었다 산 말이지 영원히 살 말이지
　그러니까 말이지 진짜 말이지 말다운 말이지
　힘차게 뛰고 춤추고 노래하는 말이지

—「말」에서

　세상을 흔들며 광야를 달리는 말, 죽음에서 부활해 영원히 사는 말은 신의 속성을 말한다. 신이 신으로서 세상에 드러나는 방식은 말이다. '힘차게 뛰고 춤추'는 정신에서 나온 살아 있는 말이야말로 신이자, 신의 말이다. 그래서 고유한 리듬으로 울리는 노래는 신에 대한 찬송이기도 하다.
　그러나 이 노골적 리듬은 이야기를 추적하는 일이 불가능할 지경까지 이끈다. 그저 흥얼대며 따라 읽는 자신을 발견한 순간 시는 리듬만으로 의미를, 아니 고유한 무의미를 만들어 내기 시작한다. 울렁거리며 사라져가는 의미의 뒷자리에서 무의미가 만드는 무미의 맛을 보고 있는 것이다.
　반대로 무의미에서 시작해 정갈한 의미로 진행하는

역과정의 시편들이 있는가 하면 오롯한 정황에서 흔들리는 정신으로 이행하기도 한다. 그러나 공통적인 것은 이런 변이의 과정을 많은 부분 리듬이 해내고 있다는 점이다.

　　가보지 않아도 안다는 흰소리와
　　가봐도 여전히 모르는 까만 소리가 지지배배 떠들어
　　산새는 배쫑배쫑 풍광은 비비디 바비두 부
　　벚꽃이 버짐처럼 번지고 팝콘이 관광버스를 타고 달리고 있어
　　불라불라 메치카불라 버튼을 누르면 곧 팝콘이 터질 거야
　　　　―「팝콘 전주곡」에서

이쯤 되면 특별한 정신 상태에 들어 신과 대화를 나누는 방언이다. 이렇듯 미친년을 꾹 누르고 살던 여자의 울음이, 구성진 울음이 노래가 되었다. 이 노래가 굽이쳐 흘러가는 곳은 신화의 세계이다.

8.

이곳에서 노래는 주문이 된다. 주문은 마법이 현실에 모습을 드러내는 열쇠이다. 주문은 자신만의 리듬으로 현실에 마법을 구현하는 것이다. 이런 주문은 어떤가?

> 우리의 무지를 부디 용서 마소서 당신이 심은 싹이 초식 동물로 자라더니 아가리를 벌리고 닥치는 대로 먹고 있습니다 당신의 귀는 당나귀 귀입니까 당신의 입은 조랑말의 입입니까 돌아올 화살을 모르는 무지와 만행이 돌아올 화살에 대한 염려와 음울과 한 쌍을 이루는 저녁입니다 부디 우리의 죄를 용서 마소서
>
> ―「술래잡기」에서

이 비틀리고 당돌한 주문은 자신의 죄를 고백함으로 신을 초대하고 그와의 대화를 빙자해 과연 신이, 우리가 무엇을 했는지 슬그머니 추궁하고 있다. 신의 이름으로 행해진 반생명적인 패악을 따지고 있으며 필연코 돌아와 대지를 휩쓸 검은 파도를 예언자의 눈을 빌려 증언하고 있다. 우리의 자백이 흘러야 할 물꼬를 트고 있다.

주문이 작동하는 신화의 세계에 들기는 하였으나

온전히 세상에 순응하는 주문 따위는 기대하지 말라는 선포인 것이다.

'그래요. 모두가 양지만을 사랑하겠다면/그래요. 그건 마녀의 몫으로 남겨 두죠./쓰레기와 똥물은 혼자 떠안고 가도록.(「그림자의 주문 2」에서)' 이렇게 바르지 않은 것, 어두운 것, 더러운 것, 순응하지 않는 것들 모두를 자처한다. 기꺼이 마녀가 되어 세상을 할퀼 작정이다. 자신만의 리듬으로 완성한 주문을 외워 온통 뒤집힌 마법을 실현할 각오다.

우울을 잊고 울렁울렁 파도를 타고 저만치 꽃상여를 타고 망망대해 바다에 이르면 좋겠어 가만히 노래하고 가뿐히 순한 마음으로 떠날 수 있으면 좋겠어 …… 태어나기도 전 죽은 아이를 위해 죽을 쑨대요 풀이 말해요 …… 태어나지 않은 너의 죽음을 축하한단다 아가야 네 무덤가에 미역을 널어 줄게 미꾸라지들이 헤엄을 치면 상여가 나갈 거야 …… 미끄러져 갔던 아이들이 피리를 불어요 필릴리 필릴리 무덤가엔 미역이 널리고요 밀물이 밀려와요 미꾸라지들이 미역을 불리는 중이에요 …… 시름시름 앓다가 바다로 간 아이들이 한데 모여 피리를 불어요 미끄러져 갔던 아이들이 늙은 가재의 뱃속에서 피리를 불어요 필릴리 피일릴리.

—「윤달의 노래」에서

  시인이 풀어놓은 것처럼 윤달은 '공달'이고 '썩은 달'이며 '송장을 거꾸로 세워도 탈이 없는 달'이다. 신이 사람에 대한 감시를 쉬는 시간이기 때문이다. 그렇다면 윤달에 늙은 부모의 수의를 짓는 일은 장수를 기원하는 일이 아니라 그 반대이다. 무엇을 해도 되는 벌 받지 않는 시간이다. 억압의 봉인이 해제되는 시간이기에 미친년의 시간이다.

  신화의 세계에서 모두는 수동적이다. 선택지는 벌을 받거나 용서를 받는 일뿐이다. 신화가 공동체의 이야기라는 사실을 반영하더라도 신의 뜻이자 공동체의 방향이 우선이라는 말이다. 오로지 영웅만이 자신의 생을 주체적으로 살지만 사실 그는 바로 공동체 자신의 투영이다. 이제 남은 것은 능동적으로 죄를 짓는 일밖에 없다. 아니 능동적인 정신 자체가 죄이다. 그래서 미친년이 내쳐진 이유는 그 능동성 때문이다. 우리는 죄라도 지어야 한다. 윤달은 죄를 짓는 시간이자 죄에서 해방되는 시간이고 미친년이 되는 시간이다.

  그러나 작은 죄마저도 짓지 못하고 손가락이 잘린 이들이 있다. 이곳에서 자신들의 시간 위에 새로운 세계를 만들어야 할 아이들이지만 누군가에 의해 태어나기도 전에 죽었다. 아이들은 꽃상여마저도 타지 못하고 사라졌다. 미친년은 아이들을 위해 죽을 쑤고 무덤에 미역을 넣어 그들을 불러낸다. 함께 생명의 춤을 춘다. 진정 미쳐 돌아가는 문명을 조근조근 할퀴어 온전히 생명을 싹 틔우는 춤이다. 그렇게 아이들은 윤달에 태어나고 윤날을 생일 삼아 다시 이야기를 시작한다. 노래한다. 늙은 가재가 떠나간 자리에 모여 아이들은 피리를 분다. 미친년이 하는 일이다.

9.

미친년 서사의 대단원은 첫 시 「동피랑으로 간 도도」이다. 동피랑은 동쪽 절벽이다. 안락한 서방정토 반대편에 있는 동쪽 차안이다. 도도가 자유의 바람을 타고 넘어서는 절벽으로 여기 어디이다. 아주 먼 땅이 아니다. '전생과 후생이 어떻게 열리고 닫히는지' 모르기에, '굶지 않을 만큼의 죄와 이웃'하고 싶어서 가야 하는 땅이다. 미친년으로 숨 쉴 수 있는 하늘이 있는 곳이다. 그만큼의 죄가 일용할 양식이 되어 '물 위를 나는 기적'을 행할 수 있고 '붉은 햇살에 물고기를 널고', '빨래를 굽는' 일도 이상하지 않은 현실이다. '도레 도레 평온하고 낮은 자리'이다.

'잠만 자는 소녀가' 눈을 뜨고 굴 밖으로 나왔다. 그러나 '기적이 아가리를 벌리고' 언감생심 어디 감 떨어지는 소리를 하느냐고 윽박지른다. 각성하기 위해서는 죽어야 하고 죽어야 부활할 수 있다. '네 입술이 한바탕 꺼이꺼이 울 거야 푸른 파도가 치고 파란 벌레가 기어 나오고 잘근잘근 씹힌 혀들이 묵은 살점을 토해 내고 나면, 그래, 넌 마침내 환하게 웃을 거야 해방을 기뻐할 거야' 그렇게 주어진 해방은 초식을 넘어서 완전한 식물성의 땅에서 이루어진다.

이상하지만 아주 익숙한 꿈이다. '아빠의 생일날 내 미역국엔 미끈덩 이가 빠'지고 '아빠의 미역국은 애간장에 녹'는다. 그곳은 '나무에 피가 열리고 노래가 장난을' 하는 육식의 땅이다. 수챗구멍에서 피리소리가 들리고 이제 떠난다. 원죄의 땅에서, '하멜른의 곡소리'에 발맞춰서.

도도는 날지 못하는 새이다. 호기심이 많은 대신 두려움을 가지지 못해 쉽게 멸종한 새이다. 도는 한 음계의 정체를 결정하는 으뜸음이다. 그래서 도도는 그냥 노래이기도 하다. 라라와 시시를 데리고 산에서 내려오기도 한다.

도도는 뾰족구두를 벗어 슬리퍼로 갈아 신고는 산으로 가는 대신 한적한 동피랑에서 노래한다. '전생과 후생을 마주하'고는 '굶어죽지 않을 만큼의 죄와만 이웃'하면서 노래한다.

그래서 미친년은 동피랑에 도착했을까, 아니 그 여자는 동피랑을 잘 만들었을까?

10.

늦은 밤 한 여자가 서 있다. 주변은 여전히 어둡고 막차는 올 기미가 없다. 어둡기만 한 이곳에서 여자는 막차에 관심이 없다. 여자는 웃고 있다. 밤하고 놀고 있다.

11.

'여기까지가 제 이야기예요. 어쩌면 당신과 당신의 엄마가 한번은 속삭였을지 모를 그런 얘기요. 고마워요. 이야기를 내버려두어서요. 아무 날 아무 시라도 좋아요. 문득 마음이 동하는 날 벤치에 와서 당신 얘기도 들려줄래요? 그땐 꼭 차 한잔해요. 우리.(「차 한잔 할래요」에서)'

자, 이제 미친년과 차 한잔할 시간이다. 🏃

매혹시편 5
뒤로 걷는 여자

1판 1쇄 펴낸날 2024년 3월 4일

지은이 조영여
펴낸이 이민호
펴낸곳 북치는소년
출판등록 제2017-23호
주소 10442 경기도 고양시 일산동구 일산로 142, 427호(백석동, 유니테크빌벤처타운)
전화 02-6264-9669 | **팩스** 0505-300-8061 | **전자우편** book-so@naver.com

편집 주간 방민화
디자인 신미연
제작 두성 P&L

ISBN 979-11-979474-6-9 03810

*이 책의 저작권은 북치는소년에 있습니다. 저작권법에 따라 한국에서 보호를 받는 저작물이므로 무단전재 및 복제를 금합니다.